A&D SERIES 8

BETA-PLUS

A&D SERIES 8

Bruno Erpicum

Architect

BETA-PLUS

FOREWORD

Bruno Erpicum, Architect

Trained at the Saint-Luc school in Brussels, Bruno Erpicum developed a particular interest in the modernist era in Belgium which was known for personalities such as Leborgne, Corbu, De Koninck, Bourgeois and Van de Velde. With this era confined to the past and with the architectural climate of the 1980s falling well short of his aspirations, Erpicum decided to concentrate his efforts on other continents where he would have greater opportunity to build as he liked. In doing so, over time he acquired a keen interest for travelling and discovered works by the great masters such as Niemeyer, Neutra, Mies Van der Rohe and Frank Lloyd Wright. His European roots brought him back to Belgium and Spain, the latter being a country more accommodating of a style of building which revived certain modernist trends. He had great success in the Balearic Islands – in particular Ibiza – and then his own country, which he has been living in for the last twenty years, started to show faith in him. Ever since he has been working on a 50/50 basis between here and Spain, which is a happy outcome for someone who is a tireless traveller and who goes unremittingly in search of angles, based on the point of view a project dictates to him; because an architect's work does not define itself in terms of style or even analysis. For this particular Epicurean it is important to remember that human beings are sensitive mammals which have emotions. The architect therefore gains an appreciation of a given situation through his senses; certainly by sight, but equally by touching, listening and smelling. He designs a structure based on the context and the surrounding environment. The site, nature and human beings with their desires and personality form part of the builder's *materia prima*. The architect is an artist because he creates the space and the light. But he isn't just an artist. The structure he creates must be fit for living in, comfortable and functional and at the same time it must also evoke feelings and provoke emotional reactions. The architect draws his main ideas from the site to make the building as impressive as possible. "Once completed, it's as if it had always been there and as for us builders, well we disappear". The structure is delivered to its

PRÉFACE

VOORWOORD

Bruno Erpicum, Architecte

Formé sur les bancs de Saint-Luc Bruxelles, Bruno Erpicum cultive un goût particulier pour l'époque bénie du modernisme en Belgique avec les Leborgne, Corbu, De Koninck, Bourgeois ou Van de Velde. Or celle-ci est révolue et le climat architectural des années 80 ne répond guère à ses aspirations. C'est pourquoi il s'élance à l'assaut d'autres continents, plus propices à construire selon son goût. Au passage, il développera sa passion des voyages et découvrira les réalisations de grands maîtres comme Niemeyer, Neutra, Mies Van der Rohe ou Frank Lloyd Wright. Ses racines européennes le ramènent en Belgique et en Espagne, pays le plus ouvert à un art de bâtir qui renoue avec un certain modernisme. Les Baléares - et plus particulièrement Ibiza - l'accueilleront avec succès, puis ce sera son propre pays, qu'il a réintégré depuis vingt ans aujourd'hui, qui lui fera confiance. Depuis lors, sa pratique se développe entre ici et là-bas, dans un rapport 50/50. Un heureux dénouement pour ce voyageur infatigable, découvreur acharné de l'angle, du point de vue qui va lui dicter le projet. Car le travail de l'architecte ne se définit pas en termes de style, ni même d'analyse. Pour cet épicurien, il est important de se rappeler que l'homme est un mammifère doté d'émotion et de sensibilité. L'architecture s'appréhende dès lors par les sens, le regard certes mais également le toucher, l'ouïe, l'odorat. Elle se conçoit à partir d'un contexte, d'un environnement. Le site, la nature et les hommes, avec leurs désirs et leur personnalité constituent la *materia prima* du bâtisseur. Artiste puisqu'il est sculpteur de l'espace et de la lumière, il ne l'est pas seulement. Son oeuvre doit être vivable, confortable et fonctionnelle tout en révélant et en suscitant des émotions. Elle puise ses lignes de force dans le lieu pour mieux le magnifier. «Une fois achevée,

Bruno Erpicum, Architect

Als student aan Saint-Luc in Brussel ontwikkelt Bruno Erpicum een voorliefde voor de periode waarin het modernisme in België hoogtij vierde met Leborgne, Corbu, De Koninck, Bourgeois en Van de Velde. Maar die periode is voorbij en het architecturale klimaat van de jaren '80 kan zijn verlangens nauwelijks inlossen. Daarom besluit hij z'n pijlen te richten op andere continenten, waar hij meer naar eigen smaak kan werken. Ondertussen ontdekt deze globetrotter tijdens zijn reizen realisaties van grootmeesters als Niemeyer, Neutra, Mies Van der Rohe of Frank Lloyd Wright. Zijn Europese roots brengen hem opnieuw naar België en ook naar Spanje, het land dat het meest openstaat voor een bouwstijl die aanknoping zoekt met een zeker modernisme. In de Balearen – en in het bijzonder op Ibiza – wordt hij warm onthaald. Ook in eigen land, waar hij sinds 20 jaar opnieuw zijn intrek heeft genomen, krijgt hij het vertrouwen. Sindsdien verdeelt hij z'n tijd 50/50 over beide plekken. Een happy end voor deze onvermoeibare reiziger die telkens hardnekkig zoekt naar de hoek, het standpunt dat het project zal vormen. Want het werk van een architect wordt niet bepaald volgens stilistische of analytische criteria. Voor deze epicurist is het belangrijk in gedachten te houden dat de mens een gevoelig zoogdier is met emoties. De architectuur wordt dus zintuiglijk ervaren – het zicht, maar ook de tast, het gehoor en de geur. Ze wordt bepaald door een context, een omgeving. De site, de natuur en de mensen, met hun verlangens en hun persoonlijkheid, maken deel uit van de *materia prima* van de ontwerper. Noem hem een kunstenaar omdat hij de ruimte en het licht vormgeeft, maar hij is ook nog veel meer. Zijn werk moet leefbaar, comfortabel en functioneel zijn en toch emoties blootleggen en opwekken. Een architect put zijn krachtlijnen uit de plek om ze te

Promouvoir l'émotion.

environment, irrespective of whether this environment is grim or idyllic and this is done regardless of the qualities or disadvantages of the site, provided the architect has uncovered the secret to the land in question. The renovations carried out in the area in question and the intimacy of the given site mean that a structure can be inserted into an environment in a manner which is in-keeping, to the best possible extent, with the history and perception of the site, based on how both these aspects are engrained in people's conscience. Making no attempt to display any form of decoration and flouting mannerism, the structure falls into the category of modern, sensitive and poetic architecture where due attention has been paid to the geographical and cultural characteristics of the site in question. Each project becomes the subject of a customised intellectual voyage. The local culture and the landscape with its specific relief, plant life and exposure, as well as the traditional architecture, dictate certain lines and suggest certain interpretations. Once work on the building is complete thanks to the work of a fantastic team comprising all the members of the atelier as well as the customers and contractors, the building assumes its place on the landscape and takes part in the ensuing game of dialogue and interactions between the landscape and the existing buildings. The course pursued by the sun, the passing clouds and seasons and the day and night-time are all factors which bring life to the buildings which are assembled in accordance with a schedule specific to each project. Albeit style may not be an issue which has prominence within the team assembled around Bruno Erpicum, within each project the team embarks a certain quest for the basic essentials, whether it be a Lilliputian-style renovation in the fog of the Ardennes, the development of a town centre shop or the construction of a vast insular residential building... the size of the project is irrelevant. The relationships between the proportions, the lines and the basic materials which contrast with the level of texture and feel, the colours – with the growing temptation to err towards using monochrome – the indoor-outdoor equation to the same effect as the private-public equation constitute the ingredients of a style of architecture which works towards achieving a certain refinement. Avoiding imitation is no more acceptable than seeking to achieve arrogance or discretion at all costs. Humble gestures are never neutral. They come from one's feelings, what one has experienced in life and quite simply from the heart. Any work which is carried out, irrespective of how small-scale it may be, is influenced by an architect becoming acclimatised to the natural surrounding environment and immersed in local traditions and culture. The architect surveys the length and breadth of the site, stands some distance away from it and surveys the site from high up and also breathes in the air and the dust. He comes face to face with the bad weather, allows himself to be carried by the wind and to get upset so as to physically feel the spirit of the structure which he has just completed and which will now pass into somebody else's hands and pursue a long journey.

Laure Eggericx

PRÉFACE

c'est comme si elle avait toujours été là et, nous, bâtisseurs, nous n'existons plus». La création est livrée à l'environnement, qu'il soit sinistre ou idyllique. Peu importe d'ailleurs les qualités ou les défauts du terrain pourvu que l'auteur de projet en ait percé le secret. Cette mise à jour, cette intimité avec l'endroit permet l'insertion et la lecture la plus juste du bâtiment en continuité avec l'histoire et l'image du lieu telles qu'elles sont inscrites dans la mémoire des gens. Faisant fi de tout décor et de tout maniérisme, ce type de démarche se rattache à celle d'une architecture moderne sensible et poétique, soucieuse des dimensions géographiques et culturelles du lieu. Chaque projet est l'objet d'un voyage intellectuel sur mesure. La culture locale, le paysage avec son relief, sa végétation et son exposition particulières ainsi que l'architecture traditionnelle dictent certaines lignes, suggèrent certaines interprétations. Une fois concrétisé grâce au travail d'une équipe fantastique composée de tous les membres de l'atelier mais aussi des clients et des entrepreneurs, le bâtiment sort vers le paysage et poursuit le jeu du dialogue et des interrelations. La course du soleil, le défilement des nuages et des saisons, l'heure du jour ou de la nuit donnent vie aux volumes assemblés selon un programme propre à chaque projet. S'il n'est point question de style au sein de l'équipe réunie autour de Bruno Erpicum, une certaine quête de l'essentiel se retrouve dans la plupart de ses projets, qu'il s'agisse d'une rénovation lilliputienne dans le brouillard des Ardennes, de l'aménagement d'un magasin de centre ville ou de la construction d'une vaste demeure insulaire... La taille du projet importe peu. Les rapports de proportions, les lignes, les matières simples mais contrastées au niveau de la texture et du toucher, les couleurs – avec une tentation de plus en plus affirmée vers la monochromie –, l'équation dedans-dehors au même titre que celle privé-public constituent les ingrédients d'une architecture qui tend à un certain épurement. Aucun mimétisme n'est de mise, pas plus que l'arrogance ou la discrétion à tout prix. Le geste, humble, n'est jamais neutre. Il relève du ressenti, du vécu et plus simplement du cœur. Toute intervention, aussi infime soit-elle, procède d'un apprivoisement de la Nature et d'une imprégnation des moeurs. L'architecte arpente le terrain de long en large, prend de la distance ou de la hauteur, hume l'air, la poussière. Il se frotte aux intempéries, se laisse porter par le vent, se saisit aux tripes pour mieux ressentir physiquement l'âme du lieu qui lui est prêté le temps de sa mission avant de passer dans d'autres mains et de poursuivre un long chemin.

Laure Eggericx

VOORWOORD

versterken. "Eenmaal beëindigd, is het alsof de constructie er altijd was en wij, bouwers, niet meer bestaan". De creatie wordt overgeleverd aan de omgeving, of die nu somber of idyllisch is. De sterke of zwakke punten van het terrein hebben bovendien weinig belang als de auteur van het project er maar het geheim van kan ontsluieren. Deze update, deze intimiteit met de plek maakt de inleving in en een perfecte toepassing van het gebouw mogelijk in samenhang met de geschiedenis en het imago van de plek, zoals die in de herinneringen van de mensen leeft. Gedaan dus met decor en maniërisme! Dit scheppingsproces is nauw verwant met de gevoelige en poëtische moderne architectuur met aandacht voor de geografische en culturele dimensies van de plek. Elk project is het voorwerp van een intellectuele reis op maat. De lokale cultuur, het landschap met zijn reliëf, vegetatie en bijzondere ligging en traditionele architectuur schrijven bepaalde regels voor en suggereren bepaalde interpretaties. Eenmaal concreet dankzij het werk van een fantastisch team met alle leden van het atelier maar ook met klanten en aannemers, komt het gebouw tot leven in het landschap en gaat het spel van dialoog en interactie verder. De stand van de zon, de zwevende wolken, het verstrijken van de seizoenen, het uur van de dag of de nacht brengen de geassembleerde volumes tot leven volgens een projecteigen programma. Voor het team rond Bruno Erpicum is het misschien geen kwestie van stijl, maar eerder een zoektocht naar het essentiële in de meeste van zijn projecten, of het nu gaat om een minirenovatie in de Ardense nevel, de bouw van een winkel in het stadscentrum van een stad of een grootse constructie van een woonst op een eiland ... De omvang van het project heeft weinig belang. De verhoudingen, de lijnen, de eenvoudige maar contrastrijke materialen op het vlak van de textuur en de tast, de kleuren – met een steeds grotere neiging naar monochromie – de vergelijking binnen-buiten evenals privé-publiek vormen de ingrediënten van een architectuur die een zekere uitpuring nastreeft. Er is geen sprake van mimetisme, noch van arrogantie of discretie tot elke prijs. Het gebaar is nederig, nooit neutraal. Het borrelt op uit het gevoel, uit de belevenis, uit het hart. Elke interventie, hoe klein ook, komt voort uit een om de natuur te temmen en de zeden te assimileren. De architect verkent grondig het terrein, neemt afstand of hoogte, inhaleert de lucht, het stof. Hij gaat gebukt onder de erosie van weer en wind, laat zich meevoeren, wordt van zijn stuk gebracht om fysiek de geest van de plek te kunnen voelen, opgelegd door zijn opdracht, en begeeft zich dan naar andere oorden.

Laure Eggericx

CONTENTS

44

64

90

CONTENTS

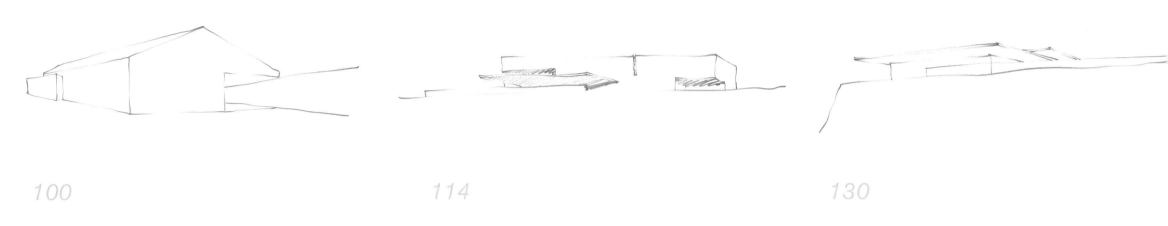

SOMMAIRE INHOUD

150   164   180

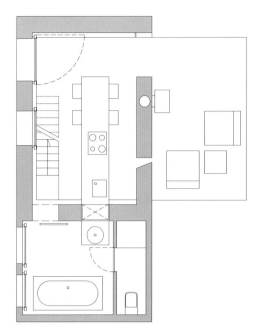
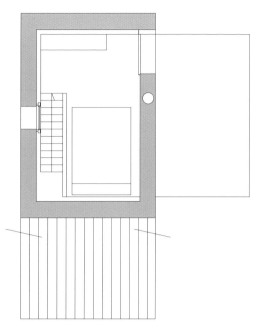

PAVILLON ROLY

This is a small outbuilding which has been extended and transformed into a house – now a bed and breakfast. The aim was to introduce steel sheets into the existing structure to create a mezzanine floor; the aim then was to extend these sheets outdoors in order to create a living room enclosed solely in glass which opens out generously into the natural surrounding environment. The architect has taken care to blend the new elements into the existing building. The work carried out has not been to the detriment of the old building. The original heavy and solid features of the old building are still clear for all to see, and these features contrast with the extremely soft touch of the more recent work which has been carried out, the intention of which is obvious: the inclusion of features which create a contrast and which are not a close replication of the existing features.

Une petite dépendance est transformée et agrandie pour devenir pavillon – aujourd'hui chambre d'hôtes. Le parti pris est d'insérer des éléments d'acier dans le volume existant pour former le plancher de la mezzanine et ensuite de projeter ces tôles vers l'extérieur pour compléter le bâti d'un séjour entièrement vitré, immatériel, qui s'ouvre généreusement sur la nature environnante. L'architecte est attentif à l'articulation des éléments neufs dans le bâti ancien. L'intervention ne dénature pas l'existant qui affiche sans détour ses matières lourdes et solides, en opposition avec l'extrême légèreté de l'intervention contemporaine dont la lecture est évidente : une intégration par contraste et non par mimétisme.

Een klein bijgebouw werd verbouwd en vergroot tot een paviljoen – momenteel een pension. Eerst werd het plan opgevat om stalen elementen als mezzaninevloer in het bestaande volume in te voegen; op staalplaten wordt het buitenlicht geprojecteerd ter aanvulling van de volledige – immateriële – glasstructuur van de leefruimte met weids uitzicht op de omringende natuur. De architect respecteert het oude gebouw bij het inpassen van nieuwe elementen. De interventie doet geen afbreuk aan de oorspronkelijke elementen, het geeft zonder het te verbloemen het ruwe, solide materiaal weer, dat contrasteert met de uiterst luchtige moderne elementen met één duidelijk doel voor ogen: een integratie d.m.v. het contrast en niet d.m.v. imitatie.

The architect has made the heavy materials appear subtle by setting them alongside the most delicate construction possible.

L'architecte s'est joué des matières lourdes en leur opposant la construction la plus légère qui soit.

De architect gebruikt zware materialen om een contrast te vormen met de lichte constructie.

The gables have not been altered and the windows have been fitted to the frames which remain set back.

Le jeu des pignons n'est pas perturbé, les vitrages sont posés sur des cadres qui restent en retrait.

De lijn van de gevel wordt niet verstoord, de vensters zijn geplaatst op de inspringende kozijnen.

Only the reflections on the windows remind us that there is an interior.

Seuls les reflets du vitrage nous rappellent l'existence d'un intérieur.

Enkel de reflectie van de vensters doen ons vermoeden dat er een interieur huist.

Apart from the steel sheets on the ground, other such sheets are folded to create the kitchen work top, the stairs and the flooring on the first floor.

Des feuilles d'acier au sol, d'autres se plient pour former plan de travail de cuisine, escalier et plancher d'étage.

De stalen platen op de vloer werden ook gebruikt voor het werkblad in de keuken, de trap en de vloer van de verdieping.

The ceiling on the first floors looks like a white page folded between the two stone gables.

Le plafond de l'étage se présente comme une page blanche pliée entre les deux pignons de pierre.

Het plafond van de verdieping loopt als een wit blad tussen twee stenen gevels.

The staircase has no attachments and the wash basin and bath are incorporated into separate blocks.

L'escalier est libre de toute attache, le lavabo et le bain sont inscrits dans des blocs indépendants.

De trap zweeft, de wastafel en het bad zijn verwerkt in aparte blokken.

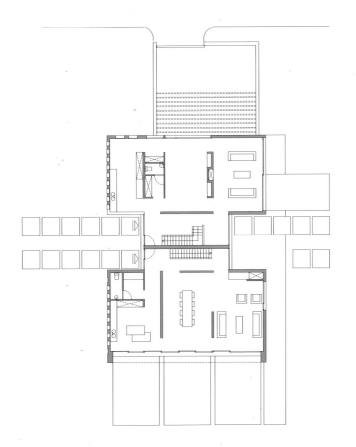
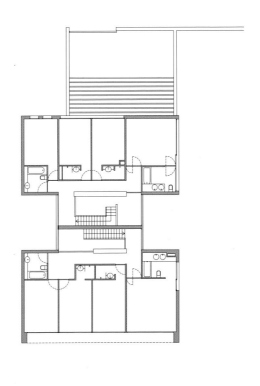

PASTUR

These two houses were built in 1998. The living areas are located in the spaces at either end of the building; in the central section, the staircases of the two houses flow together in the glass hallway. The volume has been divided up in a simple way. On the side facing the street, the exterior walls have a series of narrow openings that preserve the cosy atmosphere of the living area; in the south and west, they allow a more generous view of the two gardens. During the planning phase, the architects took into account the dominant character of the small hill and orchard in the foreground of the composition.

Ces deux maisons de type «3 façades» ont été réalisées dans le cadre d'une promotion en 1998. Les pièces de vie sont organisées dans les deux volumes extrêmes; au centre, un hall sur deux niveaux reçoit les escaliers respectifs. La volumétrie est simple. Côté public, les façades sont ponctuées d'une série de baies étroites qui préservent l'intimité de l'habitat; au sud et à l'ouest, elles s'ouvrent plus largement sur les jardins. L'implantation conserve le caractère dominant de cette petite colline plantée d'un verger au premier plan.

Deze twee driegevelwoningen werden gebouwd in het kader van een promotie in 1998. De leefruimtes zijn ingedeeld in de twee buitenste volumes: in het centrale gedeelte vloeien de respectieve trappen van de dubbele glazen hall samen. De volumetrie is eenvoudig. Aan de straatkant worden de gevels gekenmerkt door een reeks nauwe openingen die de intimiteit van het woongedeelte bewaren; in het zuiden en in het westen geven ze een ruimere blik op de respectieve tuinen. Reeds bij het inplanten van het gebouw werd rekening gehouden met het dominante karakter van deze kleine met een boomgaard beplante heuvel op de voorgrond van de compositie.

Two white cemented blocks with a certain degree of decoration to maintain some coherence with modern-day pioneers.

Deux volumes cimentés de blanc et désertés de quelque décoration pour renouer avec les pionniers des temps modernes.

Twee wit gecementeerde volumes zonder enige vorm van decoratie die de moderne traditie weer leven inblazen.

The three terraces extend the structure to the garden.

Les trois terrasses projettent la structure intérieure dans le jardin.

De drie terrassen weerspiegelen de structuur van het interieur in de tuin.

The buildings are divided by a number of panels on pivots. Also, the premises do not have narrow angles.

Quelques panneaux sur pivots assurent la partition des lieux, les locaux ne sont pas fermés aux angles.

Enkele draaipanelen verdelen de verschillende ruimtes, die niet gesloten zijn in de hoeken.

The living room has separate structural walls and the kitchen is supported by the block where the entrance is located.

Le séjour est ponctué de murs structurels indépendants, la cuisine prend appui contre le bloc de service d'entrée.

In de woonkamer werden structurele losstaande muren geplaatst, de keuken leunt aan tegen de inkomsthall.

The steps on the stairway are built into the party wall and
go up two floors.

Les marches d'escalier sont fichées dans le mur mitoyen
qui se développe sur deux niveaux.

De treden van de trap zijn aangebracht in de
scheidingsmuur die zich over twee niveaus uitstrekt.

The bedrooms are set out around the upper gallery.

La galerie supérieure distribue les chambres à coucher.

De gang op de bovenverdieping scheidt de slaapkamers van elkaar.

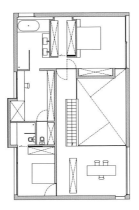

ORBAN

Interested in the arts and the history of this house, the couple which lives here resides in a rectangular-shaped home which rests on a flat surface: the living rooms are set out around a central section which has two floors. There are large bay windows on the ground floor, but fewer on the first floor in order to ensure some privacy from the surrounding houses. The large bay window on the road side is flanked by a service room covered in wood which punctuates the façade of the building, anchors the composition and serves as a marker for the entrance which is nearby.

Passionné des Arts et passionnant par son vécu, le couple qui habite cette maison se promène dans un espace creusé dans un parallélépipède rectangle posé sur un plateau : une série de pièces à vivre sont organisées autour d'un noyau central qui se développe sur deux hauteurs. Les ouvertures sont généreuses, elles sont plus rares à l'étage afin de préserver ces lieux des vues directes du voisinage. La grande baie de façade à rue est flanquée d'un volume de service habillé de bois, il ponctue la façade, ancre la composition et annonce l'entrée qui lui est tangente.

Het kunstminnende echtpaar – met een boeiend verleden – dat dit huis bewoont, wandelt in een uit een rechthoekig parallellepipedum uitgegraven ruimte op een plateau: een reeks leefruimtes is ingericht rond een centrale kern, verspreid over twee verdiepingen. De openingen geven een weids zicht op de begane grond, maar zijn minder frequent op de verdieping om nieuwsgierige blikken van de buurtbewoners te weren. De grote voorgevelopening wordt geflankeerd door een met hout beklede nutsruimte. De gevel wordt geaccentueerd, de compositie wordt verankerd en de aanpalende inkom aangekondigd.

The living rooms open out extensively onto the terrace where there is an area of water.

Les pièces de vie s'ouvrent largement sur la terrasse ponctuée d'un plan d'eau.

De leefruimtes geven een weids uitzicht op het terras, dat geaccentueerd wordt door een watervlak.

The stairway is concealed.

L'escalier est dérobé.

De trap is verborgen.

A lounge for summer which opens out onto the garden and a lounge for winter which has an open fire.

Un salon pour l'été ouvert sur le jardin, un salon pour l'hiver en face du feu ouvert.

Een zomersalon geeft uit op de tuin, het wintersalon bevindt zich bij de open haard.

The dining room opens out onto the side garden.

La salle à manger s'ouvre sur le jardin latéral.

De eetkamer heeft een zicht op de zijtuin.

Basalt and aluminium highlight the Bulthaup kitchen.

Basalte et aluminium soulignent la cuisine signée Bulthaup.

Basalt en aluminium zijn de belangrijkste materialen in de keuken, ontworpen door Bulthaup.

The gallery on the first floor expands into an office.

La galerie de l'étage se dilate pour laisser place au bureau.

De gang boven wordt ruimer om plaats te maken voor de studeerkamer.

The dividing wall is highlighted by the light.

La lumière met en scène le mur de refend.

Het licht speelt op de tussenmuur.

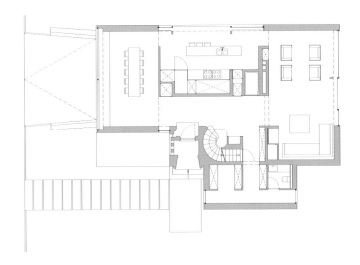
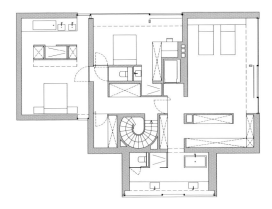

DANDOY

There will probably be many operations of this type in the areas surrounding our towns in the future. Land which is not built on will become rare and property as a whole will need to be significantly renovated. The "Dandoy" house was built in the 1960s at the request of a doctor. The house reveals a complicated layout, has little light, contains obsolete fittings and was built using techniques which are no longer used and the insulation is not perfect either. The new occupant requested that the architect approached the building with a completely fresh perspective with a view to creating a modern and comfortable home. The roof has been removed, the surfaces cleaned, the large bay windows have been extended and the walls have been packed with insulating material and cemented... And so here's our house, ready for the decades to come, which opens up in every aspect on to the garden.

L'avenir réservera probablement beaucoup d'exercices de ce type dans les périphéries de nos villes. Les terrains non bâtis deviennent rares et le parc immobilier nécessite une rénovation en profondeur. La maison « Dandoy » est construite dans les années 60 à la demande d'un médecin. Elle présente une distribution compliquée, peu de lumière, des techniques et un équipement obsolètes, une isolation imparfaite. Le nouvel occupant charge l'architecte de reconsidérer ce bâtiment pour en faire une maison d'habitation moderne et confortable. Le toit disparaît, le plan est nettoyé, de larges baies sont ouvertes, les façades sont emballées d'isolant et cimentées... Voici notre maison largement ouverte sur le jardin et prête à affronter les prochaines décennies.

In de toekomst volgen er waarschijnlijk meer uitdagingen van deze aard in onze voorsteden. Niet-bebouwde percelen worden immers schaars en veel woningen moeten grondig gerenoveerd worden. Het 'Dandoy'-huis werd in de jaren '60 gebouwd in opdracht van een arts. Een complexe indeling, weinig licht, voorbijgestreefde technieken en apparatuur, een en een gebrekkige isolatie ... Het zijn slechts enkele van de gebreken waarmee het bouwwerk te kampen had. De nieuwe bewoner heeft aan de architect de opdracht gegeven om dit gebouw volledig te herbekijken en er een moderne, comfortabele woning van te maken. Het dak verdwijnt, de plattegrond wordt herwerkt, er worden grote openingen gecreëerd, gevels geïsoleerd en gecementeerd ... Het huis is nu klaar voor de volgende decennia, met weids zicht op de tuin.

The elements of white stone have been preserved and show off the entrance.

Les éléments de pierres blanches sont préservés, ils nous rappellent que le bâtiment vit sa seconde vie, la matière qualifie l'entrée.

De elementen met witte steen werden behouden, zij zorgen voor de opwaardering van de inkomhall.

At the rear of the house, the windows open on all three floors. The garden is organised on two levels.

En façade arrière, une baie est ouverte sur trois niveaux. Le niveau de cave peut désormais être occupé; le jardin est organisé sur deux niveaux.

Aan de achtergevel zijn de vensters over drie verdiepingen geopend. Zo kan ook de kelder worden gebruikt. De tuin is georganiseerd op twee niveau's.

The structure of the original staircase has been preserved and the railing has been simply covered in enamel which blends together in an unpretentious manner.

La structure de l'escalier originale est conservée, la balustrade est habillée d'une cloison qui en épouse les formes sans artifice.

De structuur van de oorspronkelijke trap blijft behouden, de balustrade beschikt over een scheidingsmuur die de vormen heel natuurlijk verenigt.

The entrance hall was designed as an open space; it has a lift to the utility rooms.

Le hall d'entrée traverse la composition, un ascenseur trouve place dans les espaces de services.

De inkomhal is heel bewust open, er is een lift voorzien in de dienstvertrekken.

Slight allusion created by the television being replaced by a projector which hides away in the low.

La télévision est remplacée par un projecteur intégré dans la table basse dessinée par l'architecte.

Klein detail: de televisie werd vervangen door een projector die verdwijnt in de lage tafel.

By the fireplace, white-leather armchairs by Interni Edition.

Du cuir blanc pour les fauteuils « Interni Edition » du coin feu.

Aan de haard de witlederen fauteuils van Interni Edition.

Black leather for the Le Corbusier cubes. Extra colour from the window looking out onto the garden.

Du cuir noir pour les cubes « Le Corbusier », la couleur est apportée par la baie qui s'ouvre au jardin.

Zwart leder voor de kubussen van Le Corbusier. Extra kleur door de vensteropening die op de tuin uitgeeft.

The work surface from the central island has a stainless steel finishing.

Le plan de travail de l'île centrale est revêtu d'un acier inoxydable.

Het werkblad van het centrale eiland is in roestvrij staal uitgevoerd.

Kitchen created by Poggenpohl.

La cuisine est signée Poggenpohl.

De keuken is door Poggenpohl gerealiseerd.

A vertical opening into the entrance hall; a horizontal window on the side facing the road. The dining room has an inviting and intimate atmosphere.

Une baie verticale vers l'entrée, un bandeau horizontal vers la rue. La salle à manger invite à l'introversion.

Een verticale opening naar de inkomhal, een horizontaal venster aan de straatzijde. De eetkamer nodigt uit tot introvertie.

The height of the windows on the upper floor has been limited to respect the proportions of the facade.
The blinds are integrated with the lintels, which are the old roof supports.

La hauteur des baies de l'étage est limitée afin d'assurer une juste proportion des façades, les stores
s'encastrent dans les linteaux, ce sont les anciens supports de toiture.

De hoogte van de vensteropeningen op de verdieping is beperkt om de juiste verhouding van de gevel te
respecteren. De stores zijn geïntegreerd in de lintelen, dit zijn de oude dakbevestigingen.

The bathroom has an elongated window; the shower wall is made of glass with no frame.

La salle de bain s'ouvre sur une large fenêtre en bandeau, la paroi de douche en verre clair est réalisée sans cadre.

De badkamer is geopend naar een langwerpig venster, de douchewand in glas is zonder kader uitgevoerd.

LES HEURES CLAIRES

The work involves renovating and transforming a house in the suburbs into a contemporary residential building. The owner wanted everything to have a fresh perspective, to be rethought and reworked: The architect took charge of the building and worked on it as if it were a sculpture which needs to be controlled from both the inside and the outside until a full appreciation is gained for the relationship the occupants have with the building in question. The architect will work on the house relentlessly, applying his formula of preference: "the right proportions shall have precedence over any form of decoration". Since, two white walls have appeared on the avenue in the suburbs and two young trees can be seen in front of these walls which will grow and bear witness to the seasons of the year. As you enter the building, and before the family has a chance to extend its hospitality to you, a vast surface of water will arouse your senses.

Le travail consiste à transformer et rénover une maison de banlieue en une habitation contemporaine. Le maître de l'ouvrage désire que tout soit reconsidéré, repensé, retravaillé : L'architecte s'est emparé de ce volume et l'a tourné comme une sculpture qu'il faut contrôler de l'intérieur comme de l'extérieur, jusqu'à la maîtrise parfaite des relations que les occupants entretiendront avec elle. Il y appliquera sans relâche sa formule de prédilection : « la justesse des proportions remplace toute forme de décoration ». Depuis, deux murs blancs ponctuent l'avenue de banlieue, ils sont précédés de deux jeunes arbres qui grandiront en affichant les saisons. Entrez, un vaste plan d'eau éveillera vos sens, l'accueil de la famille prendra le relais.

Een huis uit een buitenwijk wordt verbouwd en gerenoveerd tot een hedendaagse woning. De opdrachtgever wijst erop dat alles herbeschouwd, herdacht en herwerkt moet worden: de architect heeft zich meester gemaakt van dit volume dat als een beeldhouwwerk in zijn handen is. Zowel van binnen als van buiten moet het beheerst worden, zodat de relaties die de bewoners ermee onderhouden, perfect zijn. Hij past er onophoudelijk zijn eigen credo op toe: "juiste proporties vervangen elke vorm van decoratie". Daarom ook tekenen twee witte muren een laan in de buitenwijk af, voorafgegaan door twee jonge bomen die al groeiend de seizoenen weergeven. Treed binnen, een weids watervlak verwelkomt uw zintuigen en de vriendelijke groet van een gezin doet de rest.

The surface of the water in front of the house reflects the rays from the morning sun onto the kitchen ceiling.

Le plan d'eau préface la maison, il fait rebondir les rayons de soleil du matin sur le plafond de la cuisine.

Het watervlak voor het huis introduceert de ochtendlijke zonnestralen op het keukenplafond.

The garden has been designed by the landscape architect Patrick Verbruggen.

Le jardin est dessiné par l'architecte paysagiste Patrick Verbruggen.

De tuin werd ontworpen door tuinarchitect Patrick Verbruggen.

The exterior dining room overhangs the surface of the water and is sunlit in the morning.

La salle à manger extérieure surplombe le plan d'eau, elle reçoit le soleil du matin.

De buiteneetkamer steekt uit over het water en laat de ochtendzon binnen.

The living room opens up onto the garden and the patio which is on an upper level feeds natural light into the living room which is twice the size of the given patio.

Le séjour s'ouvre largement sur le jardin, le patio aménagé à l'étage alimente de lumière naturelle la double hauteur.

De woonst geeft weids uit op de tuin, de verbouwde patio op de bovenverdieping geeft een overvloed van natuurlijk licht.

The lounge is extended by multimedia living room located in the old section of the house.

Le salon multimédia complète le séjour, il est logé dans la partie ancienne de la maison.

De multimediakamer vervolledigt de woonst en is ondergebracht in het oude gedeelte van het huis.

The "John Pawson Kitchen System" has been created by Obumex.

La cuisine signée « John Pawson Kitchen System » est réalisée par Obumex.

De keuken van de hand van "John Pawson Kitchen System" werd ontworpen door Obumex.

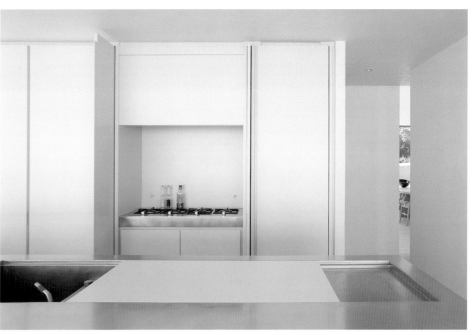

Architectural promenade.

Promenade architecturale.

Architecturale promenade.

C. Loppe and L. Doyen were entrusted with selecting, designing and creating the furniture.

La conception et la réalisation du mobilier ont été confiées à C. Loppe et L. Doyen.

De keuze, het ontwerp en de realisatie van de meubels werden toevertrouwd aan C. Loppe en L. Doyen.

Artificial lighting is used in the lower level bathroom and natural light sweeps across the bathroom dividing wall on the upper floor.

La lumière artificielle ponctue la salle de bain du niveau inférieur, la lumière naturelle balaie le mur de refend à l'étage.

Het kunstmatige licht verlicht de badkamer van het lagere niveau, het natuurlijk licht strijkt langs de tussenmuur op de bovenverdieping.

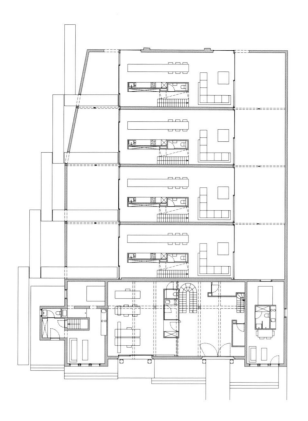
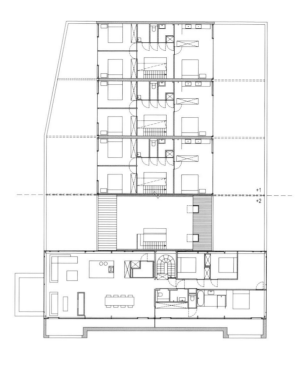

GARAGE DU PARC

The GARAGE DU PARC was previously a petrol station which has been radically transformed. Great care has been taken to preserve the structure of the building. The dual "vehicle" passage now contains the entrance hall as well as an office which does not alter the original dimensions of the given structure. A new concrete stairway has been carefully fitted into the corner and clearly shows off how it has been constructed: the stairway is anchored to the structure in one place and a sheet of polished steel is used for the banister. On the old ceiling, a series of steel pillars resting on the existing supports hold the new concrete roof in place. A loft has been created inside the roof space. Great care has also been taken to avoid any contact between the interior partitions and the outer wall. The warehouse to the rear is shared between the four houses which each have two gardens enclosed within a wall.

Le GARAGE DU PARC, ancienne station service, a été transformée en profondeur. La structure du bâtiment est soigneusement préservée et mise à l'honneur. Le double passage cocher abrite désormais le hall d'entrée. Un bureau s'y inscrit sans perturber la structure. Installé dans le coin, un nouvel escalier en béton affiche clairement son mode de construction : il est ancré à la structure bâtie de manière ponctuelle, une feuille d'acier cirée forme balustrade. Sur l'ancienne toiture, une série de colonnes d'acier posées sur les appuis existants portent la nouvelle dalle de toiture qui est ceinturée d'une façade entièrement vitrée. Un loft y est organisé. L'entrepôt arrière est partagé en quatre maisons d'habitation complétées chacune de deux jardins enclos par l'enceinte bâtie.

GARAGE DU PARC is een oud benzinestation dat grondig werd verbouwd. De structuur van het gebouw werd zorgvuldig behouden en in ere hersteld. De dubbele "koetspoort" vormt nu de inkomhall met een kantoor dat de structuur niet verstoort. De nieuwe betonnen trap, onthult manifest de constructiewijze: minutieus verankerd in de structuur van het gebouw vormt een dunne gepolijste staalplaat de balustrade. Een reeks stalen zuilen rustend op de oorspronkelijke dakconstructie ondersteunt de nieuwe dakplaat. In het dak werd een volledig door vensters omringde loft ondergebracht. Er werd nauwkeurig op toegezien dat er geen contact was tussen de interieurruimte en de gevel. Het depot achteraan is onderverdeeld in vier woonhuizen met elk twee omheinde tuinen in de bebouwde zone.

Four homes are now located in the warehouse to the rear.

L'entrepôt arrière abrite désormais quatre maisons d'habitation.

De opslagplaats achteraan herbergt vanaf nu vier woongelegenheden.

Parking is always available on the Garage du Parc forecourt.

Le hall d'entrée du Garage du Parc permet toujours le stationnement.

De ingang van de Garage du Parc voorziet steeds parkeergelegenheid.

The rooms inside have large views of the surrounding landscape.

Les espaces intérieurs s'ouvrent largement et bénéficient pleinement des vues périphériques.

Van binnenuit kan je genieten van een weids uitzicht op de omgeving.

The service rooms are contained within a central block.

Un bloc central regroupe les fonctions de service.

Een centrale blok herenigt de verschillende delen van het gebouw.

The shower is only made of 3 sheets of sandblasted glass.

3 feuilles de verre sablé suffisent à la douche.

3 bladen van gezandstraald glas voldoen voor de douche.

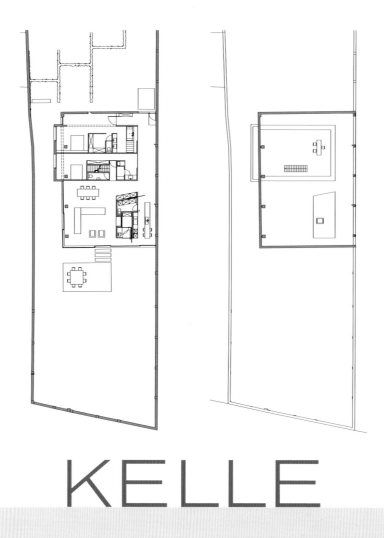

KELLE

The disused skeleton of a building attracted the attention of a person passionate about architecture. This person envisaged making his home out of it. A few quality parts were retained to create the volume of the property interior. A brick wall was found and this was extended from the road and formed the interior wall of the hall and kitchen. The wall also extended outside and enclosed the garden. The living room is as high as the building itself and the office is laid out on an upper level between the metal trusses. The bedrooms are more contained and are located within a large, container-like area. They each open out onto the garden at the side and the light in the wash rooms comes from the two interior bay windows. Raw materials are given pride of place, new items have been used for the ceiling or are cemented and the concrete flooring has been polished and reflects the light.

Une carrosserie désaffectée retient l'attention d'un passionné d'architecture. Il envisage d'en faire son logement. Quelques éléments qualitatifs sont retenus pour former le volume inscrit dans la propriété. Un mur de briques est découvert. On le longe depuis la rue, il devient façade intérieure du hall et de la cuisine, se poursuit à l'extérieur et enclôt le jardin. Le séjour profite de toute la hauteur du volume; le bureau est organisé plus haut, entre les fermes métalliques. Plus contenues, les chambres s'affichent dans un volume massif, un conteneur. Elles bénéficient chacune d'une ouverture sur le jardin latéral, les salles d'eau sont alimentées de lumière par deux baies intérieures. Les matériaux bruts sont mis à l'honneur, les nouveaux éléments sont plafonnés ou cimentés, la dalle de sol en béton poli reflète la lumière.

Een in onbruik geraakte carrosserie grijpt de aandacht van een gepassioneerd architect. Hij overweegt om er zijn woning van te maken. Enkele kwalitatieve elementen werden behouden om de volumes van het gebouw te benadrukken. Een bakstenen muur werd blootgelegd. Vanaf de straat vormt hij de binnenmuur van de hall en de keuken, loopt hij door naar buiten en omsluit hij de tuin. In het woongedeelte wordt de volledige hoogte van het volume benut; de kantoorruimte is boven ingericht tussen de stalen dakconstructie. De kamers worden iets minder uitgesproken in een massief volume ingedeeld, een container. Ze profiteren alle van een uitzicht op de zijtuin, de kamers met bad- en waskamer baden in het licht van de twee binnenraampartijen. De ruwe materialen worden in ere hersteld, nieuwe elementen zijn geplafonneerd of gecementeerd, de gepolierde betonnen vloer weerkaatst het licht.

The wall extends into the garden.

Le mur se poursuit au jardin.

De muur loopt door tot in de tuin.

The kitchen can be seen located to the back of the view and opens out onto the garden.

La cuisine est installée en fond de perspective, elle s'ouvre au jardin.

De keuken werd geplaatst in de uiterste hoek van het huis, en geeft uit op de tuin.

An area for the kitchen and its equipment and an area for the bedrooms and the equipment therein.

Un volume pour la cuisine et ses services, un volume pour les chambres et leurs services.

Een volume voor de keuken en zijn uitrusting, een volume voor de slaapkamers en zijn bijbehorende inrichting.

The furniture has been selected by Dominique Rigo.

Le mobilier est sélectionné par Dominique Rigo.

Het meubilair werd door Dominique Rigo gekozen.

The original structure – steel work and pilasters – has been preserved.

La structure originale - charpente métallique et pilastres – est préservée.

De oorspronkelijke structuur – metalen geraamte en pilasters – werd behouden.

The bedroom opens out onto the side garden and the bathroom gets light from the hall.

La chambre s'ouvre sur le jardin latéral, la salle de bain prend la lumière dans le hall.

De slaapkamer geeft uit op de zijtuin, de badkamer ontvangt zijn licht vanuit de hall.

A suspended cupboard provides space for hanging coats and a door panel provides privacy for the bedroom.

Le vestiaire est organisé dans un placard suspendu, une feuille de porte sur pivot privatise la chambre.

De vestiaire werd ingericht in een zwevende wandkast, een opendraaiende deur schermt de slaapkamer af.

The office is located above the bedrooms between metal trusses.

Au dessus des chambres, le bureau est organisé entre les fermes métalliques.

Boven de slaapkamers bevindt zich de studeerkamer onder het metalen dakgebinte.

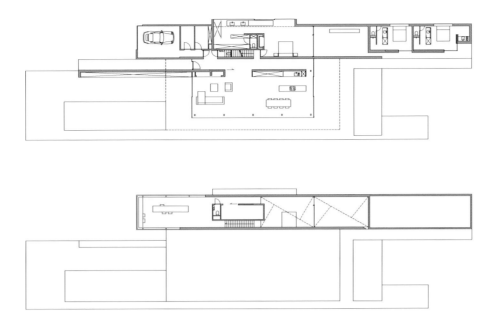

LABACAHO

A series of platforms supported by stone walls create an image of horizontal strata across this section of the valley. In the foreground, the living rooms surrounded by terraces are given shade by the overhang. The occupant will be constantly stood up in these rooms taking in the panoramic views over the valley which stretch to the town. Behind, the occupant can wander through the long and narrow area where the bedrooms are located; there he can lie down and appreciate the vast space created by the high ceilings. The bathroom opens up onto a private garden. The bay window which is six metres high separates the bedroom from a colourful area which is exposed to the sky and the patio has three orange trees. The architect has taken care not to make the angles too narrow: each area introduces the next one and the light sweeps gently across the surfaces which have been built.

Une série de plateaux soutenus par des murs de pierre dessinent des strates horizontales sur cette portion de vallée. En avant plan, les pièces de vie entourées des terrasses   prennent ombrage sous une dalle en porte à faux. L'occupant vit ces espaces « station debout », il bénéficie donc d'une vue panoramique sur la vallée qui s'étend jusqu'à la ville. En arrière plan, il déambulera dans le volume long et étroit qui abrite les chambres ; il s'y reposera « station couchée » pour bénéficier du haut volume. La salle de bain s'ouvre largement sur le jardin privatif. Une baie vitrée de six mètres de haut sépare la chambre à coucher d'un espace coloré ouvert au ciel, le patio est ponctué de trois orangers. L'architecte a pris soin de ne pas fermer les angles : chaque espace annonce le suivant, la lumière balaye tranquillement les plans construits.

Een reeks plateaus gedragen door stenen muren verdeelt deze vallei in horizontale lagen. Op de voorgrond worden de met terrassen omringde leefruimtes overschaduwd door een overhangende steen. De bewoner leeft 'rechtopstaand' in deze woonruimtes en geniet van een panoramisch zicht op de vallei die zich tot in de stad uitstrekt. Op de achtergrond wandelt hij door het lange, smalle volume dat de kamers herbergt. Hier rust hij 'liggend' om te genieten van de hoge ruimte. De badkamer heeft een weids zicht op de privétuin. Een venster van zes meter hoog scheidt de slaapkamer van een kleurrijke ruimte met open hemel. De patio wordt opgeluisterd door drie sinaasappelbomen. De architect hield de hoeken open: elke ruimte kondigt de volgende aan zodat het licht langzaam over de verschillende vlakken strijkt.

The house preserves the structural lines of the land.

La maison respecte les lignes de force du terrain.

Het huis respecteert de krachtlijnen van het terrein.

A low, open area for the living rooms and a high, enclosed area for the bedrooms.

Un volume bas et ouvert pour les pièces de jour, un volume haut et fermé pour les chambres.

Een laag en open volume voor de leefruimtes, een hoog en gesloten volume voor de slaapkamers.

Three materials in three different colours: shale, okoume wood, cement. The sculpture welcomes you with open arms.

Trois matières pour trois couleurs : le schiste, le bois d'ocume, le cimentage. La sculpture vous accueille à bras ouverts.

Drie materialen in drie kleuren: schist, okoumehout en cement. Het beeldhouwwerk ontvangt u met open armen.

A lantern floods the gallery with light and the windows open the living room up to the surrounding landscape.

Un lanterneau inonde de lumière la galerie, les fenêtres ouvrent le séjour sur le paysage.

Een kleine daklantaarn overspoelt de gang met licht, de ramen brengen het landschap dichter bij de woonkamer.

Both indoors and outdoors, goods, equipment and storage units are kept in the wooden furniture.

A l'intérieur comme à l'extérieur, les équipements, les services et les rangements sont intégrés aux meubles en bois.

Zowel binnen als buiten worden de uitrusting en het toebehoren van het huis opgeborgen en de bergruimtes geïntegreerd in de houten meubelen.

The bathroom opens out onto the rear garden and the furniture has a polished steel edge.

La salle de bain s'ouvre sur le jardin arrière, le chant du mobilier est réalisé en acier ciré.

De badkamer geeft uit op de achtertuin, de smalle zijden van het meubilair werden afgewerkt met geboend staal.

The bedroom is double capacity and the furniture has been designed by the architect.

La chambre à coucher bénéficie d'un double volume, le mobilier est dessiné par l'architecte.

De slaapkamer bestaat uit een dubbel volume, het meubilair werd ontworpen door de architect.

The office bay window extends along the full length of the
work top.

La fenêtre en bandeau du bureau prolonge parfaitement le
plan de travail.

Het omlijste venster van de studeerkamer verlengt perfect het
werkblad.

The bedroom opens out onto the patio. There are three orange trees in this meditation area.

La chambre s'ouvre sur le patio, l'espace de méditation est ponctué de trois orangers.

De kamer geeft uit op de patio, de meditatieplaats wordt opgeluisterd door drie sinaasappelbomen.

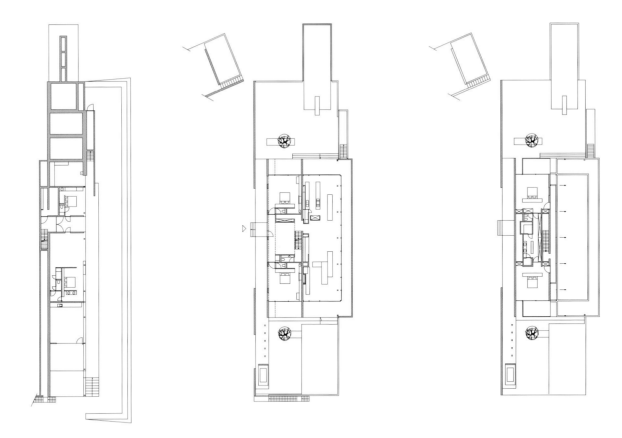

CAN BB

Near the summit of a mountain, between the morning bay window – to the east – and the evening bay window – to the west, a blank wall appears to float between the concrete floor and roof, both of which restrict its movement. If the door is opened for you, the curtain will be raised and you'll find yourself on stage. Cross the reception area which is made out of wood, go past the dividing wall and then take in the surrounding landscape in all its beauty. The reception areas have a double height; from here, the "sea view" dominates the building. Thereafter, your eyes will constantly be amazed at the discrete yet surprising views which are created through non-portable items being hung up. Back on the premises where there is a greater degree of privacy, go through an area made of wood which contains all the service rooms and look at the side views which stretch as far as the distant horizon.

Presque au sommet de la Montagne, entre la baie du matin – à l'Est - et celle du soir – à l'Ouest -, un mur aveugle semble flotter entre la dalle de sol et la toiture qui, toutes deux, limitent ses élans. Si la porte vous est ouverte, le rideau vous sera ouvert, vous êtes sur la scène. Traversez le hall façonné de bois, croisez le second mur de refend et embrassez le paysage. Les pièces de réception bénéficient d'une double hauteur, c'est ici que la vue mer domine la composition. Ensuite, le regard n'aura de cesse que d'être surpris par les nombreuses perspectives discrètes et surprenantes nées de la suspension des éléments non portants. Les lieux privés sont accessibles par le volume de bois qui unifie et englobe toutes les pièces de services – à l'image d'un compagnon qui flatte les sens –, ils s'ouvrent largement sur les vues latérales ayant l'horizon comme seule limite.

Bijna op de top van de berg, tussen het ochtendgezicht – in het oosten – en dat van 's avonds – in het westen -, lijkt een blinde muur te zweven tussen het vloeroppervlak en het dak die beide de muur in bedwang houden. Als de deur opengaat, gaat het doek op en staat u op het podium. Wandel door de met hout bewerkte hall, loop langs de tweede binnenmuur en omarm het landschap. De receptievertrekken hebben een dubbele hoogte. Hier domineert het 'zeezicht' de compositie. Daarna blijven talrijke subtiele en nooit-geziene perspectieven voor verrassing zorgen. Die ontstaan uit de spanning van zwevende elementen. Opnieuw op weg naar de privévertrekken loopt het traject via een overkoepelend houten volume waarin nutsruimtes samengebracht worden. Geef tot slot de ogen de kost en geniet van de zijaanzichten met eindeloos uitzicht op de horizon.

A series of screen walls hides the landscape from view.

Une série de murs écran masque le paysage qui est oublié le temps d'entrer en scène.

Een reeks van muurschermen maskeert het vergeten landschap.

The infinity swimming pool with a diving board that accentuates the reflection of the sky.

La piscine présente quatre débordements, un tremplin de pierre ponctue la réflexion du ciel en surface.

Het overloopzwembad met een stenen springplank die de weerspiegeling van de hemel accentueert.

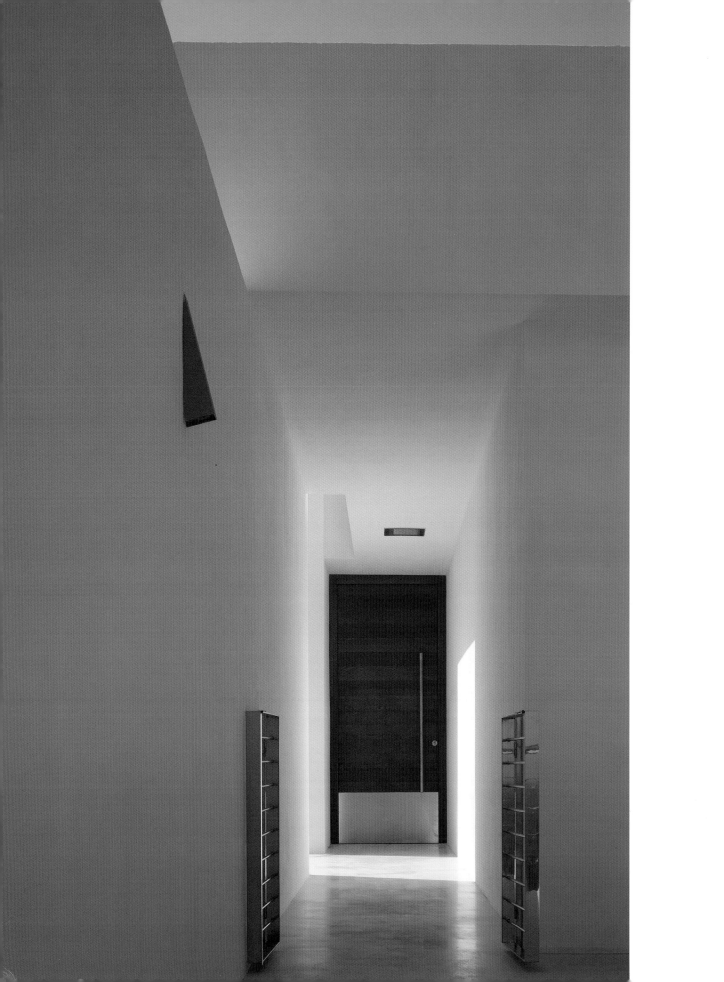

The utility rooms are combined in one single volume, finished in pear wood.

Les pièces de service sont organisées dans un volume en bois de poirier.

De dienstvertrekken zijn samengebracht in één volume uitgevoerd in perelaarhout.

The living spaces have an open structure, with a Harley that looks a little lost here.

Les pièces de vie sont organisées sur un plan libre, une Harley s'y est perdue.

De leefruimten hebben een open structuur, met een Harley die hier verloren lijkt.

The sports room and the painting studio.

Salle de sport et atelier de peinture trouvent place.

De sportzaal en het schildersatelier.

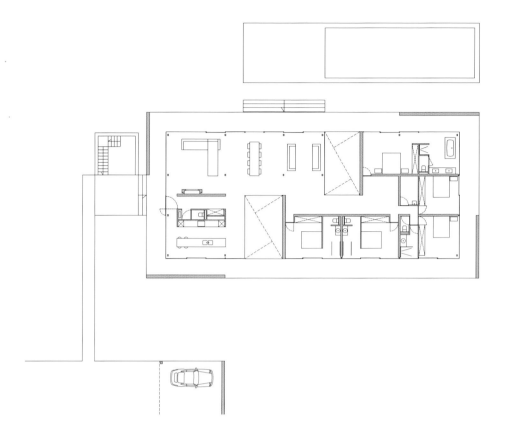

IBICAELUM

A box built for living purposes and given its home within the forest. Raised just a few centimetres from the earth, it appears as if the building makes every effort not to disturb the tranquillity of the site. Inside, the rooms are surrounded by a glass curtain which weaves through the box without ever touching the external walls of the structure. The curtain is used instead of blank walls and incorporates two patios which separate the bedrooms from the living rooms. Much in the style of colonial residential buildings, the building has an ambulatory around the outside where residents can enjoy a stroll and also benefit from being in the shade. On a lower level you'll find the terrace which has been carefully built into the land outside the house and which incorporates the most simplest of swimming pools. The work is now complete and nature reassumes its rights. Wild grasses are most welcome to grow... don't ever cut them!

Une boîte à vivre est déposée dans la forêt. Comme si elle ne voulait pas perturber la quiétude des lieux, quelques centimètres la séparent du sol. A l'intérieur, les espaces sont ceints d'un rideau de verre qui serpente dans la boîte, sans jamais atteindre son enveloppe extérieure, il devance les murs pleins pour inscrire deux patios qui isolent les chambres à coucher des séjours. A l'instar des habitations coloniales, un déambulatoire périphérique permet la promenade et procure ombrage. Plus bas, la terrasse soigneusement posée dans le paysage intègre la piscine réduite à sa plus simple expression.. Le chantier est fini. La nature reprend ses droits, les herbes sauvages sont bienvenues... surtout, ne les coupez pas.

Deze in het bos gedropte 'woonbox' is slechts enkele centimeters van de grond gescheiden, alsof de woning de rust van dit oord niet wil verstoren. Binnen worden de ruimtes omgeven door een panoramische raampartij die kronkelt door deze kijkdoos zonder ooit het omhulsel te raken. Geen muren, maar deze glazen wanden sluiten zich rond de twee patio's en scheiden de slaapkamers van de woonruimtes. Naar het voorbeeld van de koloniale bouwstijl vormt een omringend deambulatorium een schaduwrijke promenade. Het mooie lagergelegen terras vormt een eenheid met het landschap waarin het minimalistische zwembad opgenomen werd. Het werk zit erop. De natuur neemt het recht opnieuw in handen, laat de wildernis opnieuw haar werk doen ... houd haar vooral niet tegen.

The car port has been incorporated into the composition and frames the approach to the house.

Le car port s'intègre à la composition, il cadre l'approche de la maison.

De carport maakt deel uit van de compositie en werd op dezelfde manier benaderd als het huis.

The shadows which are cast form part of the decor and nature is an integral part of the composition.

Les ombres projetées forment décor, la nature fait partie intégrante de la composition.

De geworpen schaduwen vormen het decor, de natuur maakt integraal deel uit van de compositie.

The views are framed by the building which appears to float on the undergrowth and the gallery which surrounds the building has an overhang.

Les vues sont cadrées par le bâtiment qui semble flotter dans les sous bois, la galerie périphérique est en porte-à-faux.

Het gebouw past perfect in het uitzicht. De gang boven steekt over de rand uit en het huis lijkt te drijven op het onderhout.

A pathway leads visitors to the front door. The door is the only opaque part of the façade.

Une promenade guide le visiteur vers la porte d'entrée, seul élément opaque de la façade.

Een promenade leidt de bezoeker naar de ingang, het enige ondoorzichtige element van de gevel.

The sun's rays are kept away from the windows during the hottest time of the day.
The different parts of the house can be accessed from the lower patio.

Les rayons du soleil sont maintenus à l'écart des vitrages durant les heures les plus
chaudes. Le patio inférieur assure l'accès aux services.

Op de warmste momenten van de dag valt het zonlicht niet op de ramen. De
kleinere patio geeft toegang tot de verschillende delen van het huis.

The trees have been preserved, grass is growing over the patio and the hill can be seen through the building.

Les arbres sont préservés, le patio est conquis par les herbes, la colline s'affiche au travers du bâti.

De bomen werden behouden, de patio wordt overwoekerd met gras, de heuvel toont zich doorheen het hele gebouw.

The furniture has been selected by the designer Bruno Reymond - *La Maison de l'Eléphant* store – and compliments the monochrome appearance of the building.

Le mobilier sélectionné par le designer Bruno Reymond - La Maison de l'Eléphant – s'intègre à l'atmosphère monochrome de la construction.

Het meubilair, een selectie van ontwerper Bruno Reymond - La Maison de l'Eléphant – is aangepast aan de monochrome sfeer van de constructie.

The materials and colours are the same both indoor and outdoor and each of the rooms looks on to the gallery which surrounds the building.

Les matières et les couleurs sont identiques à l'intérieur comme à l'extérieur, chacune des pièces est ouverte sur la galerie périphérique.

De materialen en kleuren zijn binnen en buiten identiek, elke ruimte biedt toegang tot de gang aan de zijkant.

The bathroom is wood and is closed off from the swimming pool by a screen wall.

La salle de bain est dans les bois, un mur écran assure son intimité côté piscine.

De badkamer bevindt zich tussen de bomen, een muur langs de kant van het zwembad verzekert de privacy.

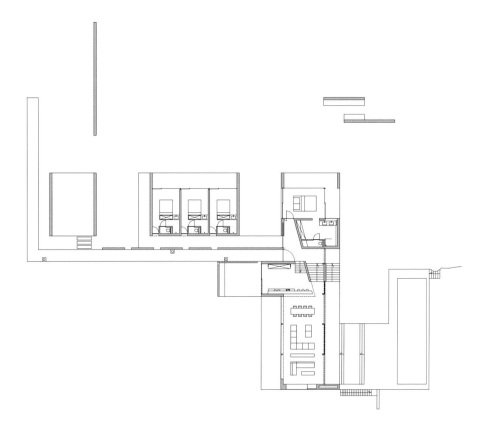

CAN 9

The house is laid out across two plateaux. From the upper plateau, which was previously the site of a riding school, we can see that the countryside stretches right to the village. Three separate buildings are located on the upper plateau which house the garage and bedrooms. The buildings are all accessible via a dual walkway along which screen walls are dotted which frame the views from the property and provide privacy for the respective patios. There is a forest on the other side. The rooms used for living purposes are located in an extremely large building, the height of which increases as the land descends towards the lower plateau. A vast bay window to the left reveals the surrounding landscape whilst the surface of the water located to the right on a lower level reflects the sky and the forest. The living room also has a stone terrace which goes as far as the swimming pool. From there, the view overlooks the countryside and the sea and the horizon beyond.

La maison est organisée sur deux plateaux. Le plateau supérieur, ancien manège, nous rappelle que la campagne s'étend jusqu'au village. Il reçoit une série de trois volumes parfaitement indépendants qui abritent garage et chambres à coucher, tous accessibles par une double promenade ponctuée de murs écrans qui cadrent les vues et privatisent les patios respectifs. De l'autre côté, la forêt. Les pièces de vie sont organisées dans un vaste volume qui gagne en hauteur à mesure que le terrain descend vers le plateau inférieur. A gauche, une immense baie découvre le paysage ; à droite, plus bas, un plan d'eau ramène le ciel sur la terre: il nous donne la forêt en miroir. Le séjour est complété d'une terrasse de pierre qui se déploie jusqu'à la piscine, ensuite la campagne croise la mer avant l'horizon.

Het huis bestaat uit een constructie op twee plateaus. Vanop het bovenste plateau, een oude manege, kunnen we zien hoe het platteland zich uitstrekt tot aan het dorp. Een reeks van drie volledig gescheiden volumes herbergen de garage en de slaapkamers en zijn te bereiken via een dubbele corridor die een uitzicht geeft op de aanleunende patio's en ze afschermen. Aan de andere kant, het bos. De leefruimtes zijn volumineus en winnen hoogte naargelang het terrein afzakt naar het lagere plateau. Links onthult een immense vensteropening het landschap. Rechts brengt een lagergelegen watervlak waarop het bos weerspiegeld wordt, de hemel op aarde. Een stenen terras verlengt de oase die reikt tot aan het zwembad aanspoelt. Een oase, die aan de horizon het platteland in de zee laat verzinken.

The screen walls protect the bedrooms like good soldiers and the entrance can be found at the end of the passage.

Les murs écran gardent les chambres comme de bons soldats, l'entrée est au bout du chemin.

De muren met glazen wanden in omringen de kamers als goede soldaten, de ingang bevindt zich aan het einde van de weg.

The surface of the water introduces the lounge; the lounge is reflected in the water and the kitchen patio is sunlit in the morning.

Le plan d'eau annonce le séjour qui s'y reflète, le patio de la cuisine reçoit le soleil du matin.

Het watervlak bevindt zich voor de woonkamer, die er in weerspiegeld wordt. De ochtendzon schijnt op de patio van de keuken.

The car port is located in front of the building which contains the bedrooms.

Le carport poursuit la composition volumétrique des chambres.

De carport volgt de volumetrische compositie van de kamers.

The walkway is dotted with walls which are happily shaded by the trees.

La promenade est ponctuée de murs qui reçoivent bien volontiers l'ombre des arbres.

De promenade wordt omgeven door muren die met plezier de schaduw van de bomen opvangen.

The living room is located on the lower plateau.

Le séjour est organisé sur le plateau inférieur.

De woonkamer bevindt zich op het onderste plateau.

The light reflected in the surface of the water contributes to the magic of the site.

La lumière réfléchie par le plan d'eau participe à la magie des lieux.

Het licht dat weerspiegelt wordt door het watervlak maakt de plaats nog meer magisch dan ze al is.

The furniture in the house is by designer Bruno Reymond – from *la Maison de l'Eléphant* store –.

L'ameublement de la maison est réalisé par le designer Bruno Reymond - la Maison de l'Eléphant -.

De meubilering van het huis is een werk van ontwerper Bruno Reymond - la Maison de l'Eléphant.

The bedrooms open out onto the garden and forest and the wild flowers are an integral part of the decor.

Les chambres s'ouvrent sur le jardin, la forêt et les fleurs sauvages font partie intégrante du décor.

De kamers geven uit op de tuin, het bos en de wilde bloemen maken integraal deel uit van het decor.

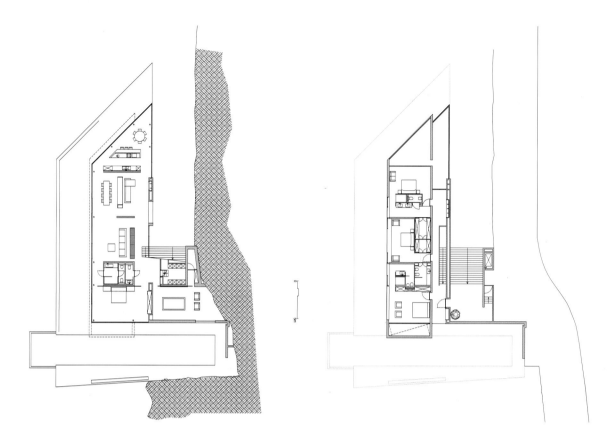

AIBS

Just like a path or road which comes to a dead end, the land becomes rippled before turning into a staircase which leads you down to the lower bridge from where you can appreciate the landscape in all its beauty. The living areas are enclosed by a single large window frame. The windows also provide protection against the winds. There are also large windows along the patio which is in an enclosed area. The cliff which has an olive tree on top provides a second wall for the patio. Away from view, the swimming pool lies to the side of the building beyond the terrace, surrounded by the natural environment. A number of walls and pillars have been painstakingly erected on the concrete surface and support the floor above which contains the bedrooms. Located at 159 metres altitude, none of the building's features constitute a threat to nature. Under blue skies the building appears calm and serene whilst in stormy weather it has a striking and tormented air about it.

A la manière d'un chemin qui trébuche, faute de ne pouvoir aller plus au Nord, le sol se froisse jusqu'à devenir escalier pour nous déposer sur le pont inférieur d'où l'on peut embrasser le paysage. Les espaces de vie sont ceints d'un seul grand châssis qui n'oppose pas de résistance à la vue ; par contre, il protège les lieux des vents parfois violents. Il se poursuit également côté patio, espace enclos qui s'offre pour seconde façade la roche taillée de la falaise, coiffée d'une haie d'oliviers. Latéralement, pour se faire discrète, la piscine se projette dans le paysage par-delà la terrasse. Soigneusement déposés sur la dalle, quelques murs et colonnes supportent le solide volume d'étage qui distribue les chambres. A 159 mètres d'altitude, aucun artifice ne vient concurrencer la nature, calme et sereine sous un ciel bleu, dramatique et tourmentée sous la tempête.

Als een kronkelende weg die niet verder naar het noorden kan reiken, kreukelt de grond tot een trap die ons naar de lagergelegen brug leidt, waar men het landschap kan aanschouwen. De leefruimtes worden omringd door één enkel groot frame dat niets in de weg legt van het uitzicht. Integendeel, het schermt de plek af van de soms hevige wind. Het loopt door aan de kant van de patio, een ingesloten ruimte met als tweede gevel de uitgehouwen rots van de klif, bedekt met een olijfbomenhaag. Aan de zijkant werd het zwembad discreet in het landschap ingepast, achter het terras. Zorgvuldig op de vloer geplaatst, dragen enkele muren en zuilen het omvangrijke volume van de verdieping die de kamers indeelt. Op 159 meter hoogte is er geen enkel element aan het huis dat in concurrentie staat met de natuur. Kalm en sereen onder een blauwe hemel, vol drama en ontstuimig bij storm.

The entrance patio is set across two levels. The slate stairway goes past the windows and forms the internal stairway.

Le patio d'entrée est organisé sur deux niveaux, l'escalier de schiste traverse le vitrage pour former escalier intérieur.

De patio aan de ingang strekt zich uit over twee niveaus, de trap uit leisteen dringt door het glas heen en loopt binnen verder door.

The vast area on the first floor seeks to stretch out beyond the glass base.

Le volume massif de l'étage cherche ses limites au delà du socle vitré.

Het massieve volume op de bovenverdieping strekt zich uit tot over de rand van de glazen sokkel.

A number of slanting lines to the side of the swimming pool mark out the landscape.

Quelques lignes obliques latérales à la piscine soulignent le paysage.

Enkele schuine laterale lijnen aan het zwembad benadrukken de omgeving.

The work of the Spanish sculptor Joaquin Mateo is on view.

Een eerbetoon aan de Spaanse beeldhouwer Joaquin Mateo.

The dividing walls punctuate the area and the open fire is located next to a horizontal bay window which looks out onto the rock.

Les murs de refends ponctuent l'espace, le feu ouvert est voisin d'une baie horizontale qui s'ouvre sur la roche.

De binnenmuren accentueren de ruimte, de open haard bevindt zich naast een horizontale vensteropening die uitgeeft op de rots.

Dinner can be eaten at the bar, around the table or on the terrace...just as you please.

Le déjeuner est organisé au bar, autour de la table, sur la terrasse, à votre guise.

Het ontbijt kan genomen worden in de bar, rond de tafel, op het terras, waar u maar wilt.

Slate is used on the ground and the plumbing fixtures have been fitted underneath.

La pierre de schiste est présente au sol, les appareils sanitaires y sont creusés.

Het sanitair werd ingegraven in de vloer van leisteen.

The bedroom bay windows have been carefully measured so that they provide a view of the horizon.

Les baies de chambre sont calibrées pour accompagner les lignes de l'horizon.

De vensteropeningen in de kamer zijn afgemeten zodat ze de horizonlijn kunnen volgen.

BRUNO ERPICUM
www.erpicum.org

1959   Bruno ERPICUM born in Brussels
1983   Graduated as an ARCHITECT, ISASLB
1984   Work placement abroad
1991   Partner of François de MONTLIVAULT and Marc TIMMERMANS
       at GMT
2001   Founded Atelier d'Architecture Bruno Erpicum & Partenaires,
       « AABE »
2008   Founded Taller de Arquitectura Bruno Erpicum y Socios

PARTNER ORGANISATIONS
       S&B Projects – Interior design and furnishings
       Eurobaldi Gestion – Development
       BDO Atrium – Management
       CCD&B bvba and Beelen Engineering – Engineers
       Francisco Raposo CUEVAS – Architect – Ibiza
       Jaime BRUNET – Architect – Palma

TEAM
       A team of ten engineers, architects and interior designers works at
       the studio.

BIOGRAPHIE

BIOGRAFIE

BRUNO ERPICUM

www.erpicum.org

1959	Bruno ERPICUM est né à Bruxelles,
1983	Diplômé ARCHITECTE ISASLB,
1984	Pratique à l'étranger,
1991	Associé à François de MONTLIVAULT et Marc TIMMERMANS au sein du Bureau d'Etudes GMT
2001	Constitution de l'Atelier d'Architecture Bruno Erpicum & Partenaires, « AABE »,
2008	Constitution du Taller de Arquitectura Bruno Erpicum y Socios,

BUREAUX PARTENAIRES

S&B Projects – Architecture d'intérieur et décoration
Eurobaldi Gestion - Développements
BDO Atrium - Gestion.
CCD&B bvba et Beelen Engineering – Ingénieurs
Francisco Raposo CUEVAS – Arquitecto - Ibiza
Jaime BRUNET – Arquitecto – Palma

EQUIPE

Une équipe de 10 ingénieurs-architectes, architectes et architectes d'intérieur œuvrent au sein de l'atelier.

BRUNO ERPICUM

www.erpicum.org

1959	Bruno ERPICUM werd geboren in Brussel,
1983	Afgestudeerd als ARCHITECT aan het ISASLB,
1984	Praktijkstage in het buitenland,
1991	Vennoot van François de MONTLIVAULT en Marc TIMMERMANS in het Studiebureau GMT
2001	Oprichting van het Atelier d'Architecture Bruno Erpicum & Partenaires, « AABE »,
2008	Oprichting van het Taller de Arquitectura Bruno Erpicum y Socios,

PARTNERBUREAUS

S&B Projects – Binnenhuisarchitectuur en -inrichting
Eurobaldi Gestion - Ontwikkelingen
BDO Atrium - Beheer.
CCD&B bvba en Beelen Engineering – Ingenieurs
Francisco Raposo CUEVAS – Architect - Ibiza
Jaime BRUNET – Architect – Palma

TEAM

Een team van 10 ingenieurs-architecten, architecten en binnenhuisarchitecten werkt in het atelier.

BIOGRAPHY

PREVIOUSLY PUBLISHED BY THE SAME PUBLISHER

2005	LIVING BY THE MEDITERRANEAN	Casa helena and Sigue 25
2006	SEASIDE LIVING	KM 5 and Light Breeze
2008	CONTEMPORARY ARCHITECTURE AND INTERIORS - YEARBOOK 2009	Souplesse and Can Furnet

EXPERIENCE ABROAD

Bruno ERPICUM has worked as an architect in the following countries: South Africa, Germany, England, Belgium, the Caribbean, the United States, Spain, France, Greece, the Netherlands, Italy and Peru.

PROJECTS AND AWARDS

BIFSA – Building Industries of South Africa – RSA
DALI MUSEUM – Riverside – County Hall – London – GB
ICE – Italian Institute for Foreign Trade – IT
Rolex Watches SA – Switzerland
Region of Poitou Charentes – FR

Winner of the BIFSA Architectural Awards – RSA
Winner of the Eric LION Architectural Awards – England.
Winner of the Belgian Architectural Awards – Belgium.
Participated in the International Colloquium "Built Heritage and Contemporary Architecture" – Belgium.
Prix de l'Urbanisme 2004 – Belgium.

BIOGRAPHIE

BIOGRAFIE

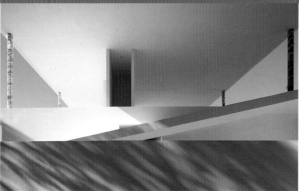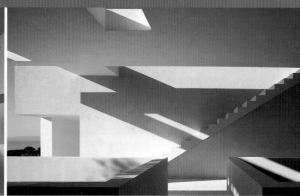

DEJA PUBLIE PAR LE MEME EDITEUR
2005   VIVRE EN MEDITERRANEE   Casa Helena et Sigue 25
2006   VIVRE AU BORD DE MER   KM 5 et Light Breeze
2008   ARCHITECTURE & INTERIEURS CONTEMPORAINS -
          ANNUAIRE 2009   Souplesse et Can Furnet

EXPERIENCES A L'ETRANGER
Bruno ERPICUM a exercé son métier dans les pays suivants :
Afrique du Sud, Allemagne, Angleterre, Belgique, Carabian, Etats Unis,
Espagne, France, Grèce, Hollande, Italie, Pérou.

QUELQUES REFERENCES
BIFSA – Building Industries of South Africa – RSA
DALI MUSEUM – Riverside – County Hall – London – GB
ICE – Institut du Commerce Extérieur Italien – IT
Les Montres Rolex SA –Suisse
Région Poitou Charentes – FR

Primé aux BIFSA Architectural Awards - RSA
Primé aux Eric LION Architectural Awards - England.
Primé aux Belgian Architectural Awards - Belgium.
Participation au Colloque International : « Le patrimoine bâti et
l'architecture contemporaine » - Belgium.
Prix de l'Urbanisme 2004 - Belgium.

REEDS GEPUBLICEERD DOOR DEZELFDE UITGEVER
2005   WONEN AAN DE MIDDELLANDSE ZEE   Casa helena en Sigue 25
2006   WONEN AAN ZEE   KM 5 en Light Breeze
2008   HEDENDAAGSE ARCHITECTUUR & INTERIEURS -
          JAARBOEK 2009   Souplesse en Can Furnet

ERVARING IN HET BUITENLAND
Bruno ERPICUM werkte als architect in de volgende landen: Zuid-Afrika,
Duitsland, Engeland, België, Caraïben, Verenigde Staten, Spanje, Frankrijk,
Griekenland, Nederland, Italië, Peru.

ENKELE REFERENTIES
BIFSA – Building Industries of South Africa – RSA
DALI MUSEUM – Riverside – County Hall – London – GB
ICE – Italiaans Instituut voor Buitenlandse Handel – IT
Horloges Rolex SA –Zwitserland
Regio Poitou Charentes – FR

Winnaar van de BIFSA Architectural Awards - RSA
Winnaar van de Eric LION Architectural Awards - Engeland.
Winnaar van de Belgian Architectural Awards – België.
Deelname aan het Internationaal Colloquium: «Gebouwenpatrimonium en
hedendaagse architectuur» - België.
Prix de l'Urbanisme 2004 – België.